BEI GRIN MACHT SICH IHR WISSEN BEZAHLT

- Wir veröffentlichen Ihre Hausarbeit, Bachelor- und Masterarbeit

- Ihr eigenes eBook und Buch - weltweit in allen wichtigen Shops

- Verdienen Sie an jedem Verkauf

Jetzt bei www.GRIN.com hochladen und kostenlos publizieren

Martin Kersten

Die Wende des Jahres 1978 in China. Politik der Modernisierung und Öffnung (?)

GRIN Verlag

Bibliografische Information der Deutschen Nationalbibliothek:

Die Deutsche Bibliothek verzeichnet diese Publikation in der Deutschen National-
bibliografie; detaillierte bibliografische Daten sind im Internet über http://dnb.d-
nb.de/ abrufbar.

Impressum:

Copyright © 2009 GRIN Verlag, Open Publishing GmbH
Druck und Bindung: Books on Demand GmbH, Norderstedt Germany
ISBN: 978-3-640-80232-6

Dieses Buch bei GRIN:

http://www.grin.com/de/e-book/164986/die-wende-des-jahres-1978-in-china-politik-
der-modernisierung-und-oeffnung

Technische Universität
CAROLO-WILHELMINA
Zu Braunschweig

Institut für Sozialwissenschaften
Sommersemester 09
P2: China – die neue Supermacht?

Autor: Martin Kersten

Die Wende des Jahres 1978 – Politik der Modernisierung und Öffnung(?)

I.   Inhaltsverzeichnis

Kapitel	Thema	Seite

II. Einleitung

"We want to be masters of our own destiny. We need no gods or emperors. We do not believe in the existence of any savior. We want to be masters of the world and not instruments used by autocrats to carry out their wild ambitions. We want a modern lifestyle and democracy for the people. Freedom and happiness are our sole objectives in accomplishing modernization. Without this fifth modernization all others are merely another promise."[1]

Dieser Kernsatz stammt aus einem Artikel des chinesischen Dissidenten Wei Jingshengs und fordert ganz klar, neben den Vier Modernisierungen der Deng'schen Öffnungspolitik, eine fünfte: eine umfassende Demokratisierung. Dieser erste Beitrag Weis zur Demokratiemauer erschien einige Wochen nach dem Beginn dieser Bewegung in den frühen Morgenstunden des 5. Dezember 1978[2] und machte Wei zu einer der zentralen Figuren der Protestbewegung, die nach dem Ort der „Mauer der Demokratie" in Peking benannten „Xidan-Bewegung".[3]

Aber brachte das Jahr 1978 wirklich die erhoffte „Öffnung", „Befreiung" oder gar Demokratie? Wie steht es mit der Demokratie in China heute? Diesen Fragen versuche ich in diesem Essay auf den Grund zu gehen, natürlich nicht ohne eine kleine Abhandlung der Geschehnisse am Ende des Jahres 1978 um den Dissidenten Wei Jingshengs, die hier als Startpunkt für den Kampf um Demokratie gesetzt werden. Auch die Ereignisse des 3. und 4. Juni 1989, die sich in diesem Jahr zum zwanzigsten Mal jährten, werden mit in meine Überlegungen einfließen, sowie ein allgemeiner Rückblick und eine Einschätzung der Bemühungen eine Demokratie in China durchzusetzen und zu etablieren erfolgen.

Zum Ende des Essays soll schließlich ein Fazit die Frage klären inwiefern man heutzutage, angesichts der Geschehnisse um die Olympischen Spiele und der Internetzensur, von einem demokratischen System in der Volksrepublik China sprechen kann und was die Zukunft politisch für das Land der Mitte bereitstellen wird.

---

[1] Wei Jingsheng: *The Fifth Modernization*. <http://www.echonyc.com/~wei/Fifth.html> (13. Juli 2009)
[2] Vgl: Woodman, Sophia: *Biography of Wei Jingsheng*.
<http://weijingsheng.org/wei/biographybywoodman.doc> (4. Juli 2009)
[3] Schmidt-Glintzer, Helmut: *Das neue China. Von den Opiumkriegen bis heute*. C.H. Beck Verlag. München, 2008. S. 96.

III. Wei Jingsheng und die fünfte Modernisierung

Das Plakat, das die größte Aufmerksamkeit auf sich zog und gleichzeitig kontrovers war, erschien am 5. Dezember 1978, etwa drei Wochen nachdem die „Mauer der Demokratie" das Epizentrum der Dissidenten wurde. Dieses Poster war „Die Fünfte Modernisierung – Demokratie", unterschrieben mit dem Künstlernamen, den Wei Jingsheng durchgehend während der „Demokratiemauer"-Bewegung benutzte, Jin Sheng (übersetzt: Goldene Stimme).[4]

Das Poster war ein wenig anders als die, die zuvor veröffentlicht wurden. "We were all so amazed. Finally, there was this young Chinese man who was speaking in a way we could understand," sagte Marie Holzman, eine französische Sinoligin, die für die Agence France Presse arbeitete und tägliche Reisen zur "Mauer der Demokratie" unternahm um jedes neue Plakat zu lesen.[5] Weiter heißt es dort:

> "All the others were still using the Marxist jargon. Of course we could understand the language of the posters, but we couldn't understand what was really in their minds. You don't really think that people believe what they are writing when they use that jargon. But Wei just said exactly what he thought."

Die Artikel Wei's brachten die Argumente einen entscheidenden Schritt weiter in Richtung Kritik an der Kommunistischen Partei Chinas und seinen Führern, indem er das Recht der chinesischen Bevölkerung in Opposition zu den Ideen der Partei, die stets als „wahr" präsentiert wurden, zu sprechen beteuerte. Ohne neue institutionelle Strukturen, die dem Volk versicherten, dass die Regierung dem Willen der Menschen folge, so argumentiert Wei, seien all ihre „Versprechen" nichts wert.[6]

Wei war sogar skeptisch gegenüber des Versprechens der KPCh eine Rechtstaatlichkeit zu gestalten und nach „sozialistischen Gesetzen" zu handeln. Er untersuchte das Verhältnis zwischen Menschenrechten, dem Gesetz und Demokratie und schrieb im dritten Teil des Essays „Die Fünfte Modernisierung":

---

[4] Vgl. Woodman
[5] Vgl. Chuang, Pat: *The China Campaign*.
<http://www.its.caltech.edu/~aigp22/news/1996/mar96.html> (11. Juli 2009)
[6] Vgl. Woodman.

"History shows us that an autocracy backed up by the rule of law is simply tyranny. We must reject the dregs of Confucianism, that is, the fantasy that tyrants can ever be persuaded to practice benevolent government. But the essence of Confucianism, which we do want to retain, is the concept that people are born with equal rights. We want a rule of law, but we want the kind of rule of law which is conducive to the realization of equal rights. The people must attentively watch the progress of lawmaking and be sure that the laws being adopted are the kind of laws designed to protect equal rights."

Wei war der einzige Aktivist der Demokratiebewegung, so Woodman in ihrer Biographie zu Wei Jingsheng, der die Kommunistische Partei Chinas nachhaltig politisch herausforderte. So schrieb Roger Garside, ein britischer Diplomat, der von 1976 bis 1979 in China stationiert war:

"He was perhaps the only activist with an international reputation who could accurately be described as a dissident, a label that has been too readily applied to people who unlike Wei did not challenge the right claimed by the Communist Party to lead the nation. He saw himself as a democratic socialist and, like many in that tradition, perceived a great gulf separating democratic socialists from those who join and lead Communist Parties."[7]

Der Ruf nach Freiheit und Demokratie wurde also als wichtiger eingeschätzt, als die Öffnung in der Landwirtschaft, nationaler Verteidigung, Wissenschaft und Technologie. Doch hatten Wei und andere Dissidenten Recht mit dieser Einschätzung? Wurde Ruf nach Demokratie erhört? Wie wirkten sich diese Proteste aus, wenn man heute, dreißig Jahre danach, sich diese Fragen stellt?

IV. Demokratie heute

Die meisten Dissidenten, darunter auch Wie Jinsheng, leben heute im Exil und haben kaum noch Einfluss auf die Meinungsbildung in der chinesischen Bevölkerung, vor allem auch auf Grund der Internet- und Pressezensur. Nach zwanzig Jahren ist der Schrei nach Demokratie leise geworden.

Am Ende der Achtziger Jahre des 20. Jahrhundert wurden die Reformen Deng Xiaopengs immer unbeliebter, denn die Lockerung von Preiskontrollen und

---

[7] Garside, Roger: *Coming Alive: China after Mao*. Andre Deutsch Limited. London, 1981. S. 54.

Arbeitsplatzgarantieabschaffung förderten den Unmut in der Bevölkerung.[8] Auch die Studentenprotest des Jahres 1989 und das anschließende Massaker auf dem Tian'anmen-Platz brachte keine positiven Effekte für eine Demokratisierung, die dort so dringend gefordert wurde, hervor. Letztendlich war die Folge der Bewegung und des Massakers der Stopp jeglicher Aktivitäten der Bevölkerung, allen voran der Studenten, gegenüber dem Demokratiegedanken. Zum 20. Jahrestag des Massakers auf dem Tiananmen-Platz hat die chinesische Regierung sogar ihre Internetzensur ausgeweitet[9] – wenn man so will ebenso eine längerfristige Folge des Protestes.

Die derzeitige Demokratiebewegung ist eher von labiler Natur oder fast nicht existent.[10] In einer Studie der Amnesty International heißt es, dass China in dramatischer Geschwindigkeit immer mehr die äußeren Zeichen einer westlichen Modernität übernimmt, das Land sich jedoch nicht auf dem Weg in eine Demokratie befinde, geschweige denn dass sich die Menschenrechtslage bessere.[11]

Durch die Wirtschaftsreformen im Jahre 1978 stellte sich ein Desinteresse der Mehrheit der Bevölkerung ein, da nun wirtschaftliche Interessen im Vordergrund standen. Eine gewisse Freizügigkeit, vor allem bei der ländlichen Bevölkerung, stellte sich heraus.

V. Fazit

Das Jahr 1978/9 brachte im Sinne der Demokratie keine wirkliche Veränderung. Es gab lediglich erste Versuche einer Veränderung des Denkens durch die Demokratiemauer unter einer kleinen Gruppe. Deng Xiaopeng reformierte nur Wirtschaft, wodurch sich ein gewisses Desinteresse an der Politik einstellte, da nun erst einmal wirtschaftliche Interessen im Vordergrund standen. Jedoch wird es durch

---

[8] Schell, Orville: *Das Mandat des Himmels. China: Die Zukunft einer Weltmacht.* Berlin, 1995. S. 131.
[9] Focus Online: *China sperrt Twitter, Blogs und Foren.*
<http://www.focus.de/digital/internet/tiananmen-jahrestag-china-sperrt-twitter-blogs-und-foren_aid_404928.html> (Zuletzt eingesehen am 28. Juli 2009)
[10] Vgl. Schwarz, Jürgen: *China im 21. Jahrhundert. : Regional- oder Weltmacht?* München, 2000. S. 34.
[11] "China – eine verhinderte Demokratie?" <http://www.amnesty.ch/de/aktuell/magazin/43/china-2013-eine-verhinderte-demokratie> (Zuletzt eingesehen 28. Juli 2009)

den wirtschaftlichen Fortschritt zwangsläufig zu einer Lockerung des politischen Systems führen, getreu dem Motto „The richer the country, the freer."[12]

Demokratie darf hier in diesem Sinne aber nicht nur als politisches System verstanden werden. Vor allem der Westen versucht auch der Demokratie ein gewisses Menschenrecht zuzusprechen, welches in China ungefähr einen gleichen Stellenwert besitze, wie die Demokratie selber – nämlich einen geringen. Man könnte sogar fast von Demokratie als Diktat des Westens sprechen, das jedoch nicht erhört wird. Dabei sollte auch beachtet werden, dass es anmaßend erscheint, wenn die westliche Welt die Demokratie als Musterlösung für die Probleme in China sieht.

Internet- und Pressezensur herrscht immer noch vor in der Volksrepublik. Besonders zu den Olympischen Spielen kam dieses Phänomen, auch für westliche Reporter, zum Vorschein.

Der entscheidende Rückschlag für die Demokratiebewegung war das Massaker auf dem Platz des Himmlischen Friedens in Peking 1989. Die studentischen Aktivitäten sind infolge des radikalen Vorgehens der politischen Führung und des Militärs auf annähernd null gesunken.[13]

Heute steht eine Veränderung der politischen Verhältnisse zugunsten der Demokratie im westlichen Sinne nicht direkt bevor. Für die Überwindung des diktatorischen Systems wird es keine schnellen Lösungen geben, sie brächte nur unkalkulierbare Gewalt und hohe Opfer mit sich.[14] Die Zeit arbeitet aber dennoch für die Demokratie und vor allem in den letzten Jahren sind eindeutige Zeichen in diese Richtung sichtbar geworden.

---

[12] Vgl. Rowen, Henry S.: *The Short March : China's Road to Democracy*. In: Odgen, Suzanne: *China*. Guilford, 1997. S. 116.
[13] Vgl. Schwarz: *China im 21. Jahrhundert*. S. 34.
[14] Bauer, Edgar: *Die unberechenbare Weltmacht*. Berlin 1997. S. 402

VI. Bibliographie

Quellen:

Wei Jingsheng: The Fifth Modernization.
<http://www.echonyc.com/~wei/Fifth.html> (13. Juli 2009)

Sekundärliteratur:

Amnesty International: "China – eine verhinderte Demokratie?"
<http://www.amnesty.ch/de/aktuell/magazin/43/china-2013-eine-verhinderte-demokratie> (Zuletzt eingesehen 28. Juli 2009)

Bauer, Edgar: Die unberechenbare Weltmacht. Berlin 1997

Chuang, Pat: The China Campaign.
<http://www.its.caltech.edu/~aigp22/news/1996/mar96.html> (11. Juli 2009)

Focus Online: *China sperrt Twitter, Blogs und Foren.*
<http://www.focus.de/digital/internet/tiananmen-jahrestag-china-sperrt-twitter-blogs-und-foren_aid_404928.html> (Zuletzt eingesehen am 28. Juli 2009)

Garside, Roger: Coming Alive: China after Mao. Andre Deutsch Limited. London, 1981.

Rowen, Henry S.: The Short March : China's Road to Democracy. In: Odgen, Suzanne: China. Guilford, 1997.

Schell, Orville: *Das Mandat des Himmels. China: Die Zukunft einer Weltmacht.* Berlin, 1995

Schmidt-Glintzer, Helmut: Das neue China. Von den Opiumkriegen bis heute. C.H. Beck Verlag. München, 2008.

Schwarz, Jürgen: China im 21. Jahrhundert. : Regional- oder Weltmacht? München, 2000.

Woodman, Sophia: Biography of Wei Jingsheng.
<http://weijingsheng.org/wei/biographybywoodman.doc> (4. Juli 2009)